동행

시산맥 해외기획시선 009

동행
시산맥 해외기획시선 009

초판 1쇄 발행 | 2020년 2월 1일

지 은 이 | 성백군
펴 낸 이 | 문정영
펴 낸 곳 | 시산맥사
편집주간 | 이성렬
편집위원 | 강경희 안차애 오현정 정재분
등록번호 | 제300-2013-12호
등록일자 | 2009년 4월 15일
주   소 | 03131 서울특별시 종로구 율곡로 6길 36.
         월드오피스텔 1102호
전   화 | 02-764-8722, 010-8894-8722
전자우편 | poemmtss@hanmail.net
시산맥카페 | http://cafe.daum.net/poemmtss

ISBN 979-11-6243-099-6 03810

값 9,000원

* 이 책은 전부 또는 일부 내용을 재사용하려면 반드시 저작권자와 시산맥사의 동의를 받아야 합니다.
* 이 도서의 국립중앙도서관 출판예정도서목록(CIP)은 서지정보유통지원시스템 홈페이지(http://seoji.nl.go.kr)와 국가자료종합목록 구축시스템(http://kolis-net.nl.go.kr)에서 이용하실 수 있습니다. (CIP제어번호 : CIP2020001767)

* 이 시집은 교보문고와 연계하여 전자책으로도 발간됩니다.
* 이 도서는 카카오톡 선물하기 〈독서의 계절〉에서도 구입할 수 있습니다.

동행

성백군 시집

* 본문 페이지에서 한 연이 첫 번째 행에서 시작될 때에는 〈 표기를 합니다.

■ 시인의 말

詩가 좋아서
자꾸
썼습니다.

쓰다 보니
습관이 되어
안 쓰면 불안하고 초조하고
마침내 운명이 된 걸까요.

어떤 詩는
미흡하여 부끄럽고
어떤 詩는 나름대로 만족하지만
다 내가 낳은 자식인걸요.

사랑해 주십시오.
독자님들 입가에 스치는 미소가
흐뭇했으면 좋겠습니다.

2020년 3월, 성백군

■ 차 례

1부 춤추는 장미

나비의 변명 – 19

6월 바람 – 20

바다 – 22

티눈 – 24

초고속 사랑 – 25

가을 편지 – 26

춤추는 장미 – 27

저 하늘이 수상하다 – 28

어머니의 마당 – 29

고사목, 당산나무 – 32

태풍의 눈 – 34

8월은 – 36

10월의 제단 – 38

꽃 학교, 시 창작반 – 40

2부 일상은 아름다워

오해 – 45

밥 타령 – 46

몸살 앓는 봄 – 48

어느새 비 그치고 – 50

부부 시인 – 52

쥐 잡아라 – 54

일상은 아름다워 – 56

싹수가 귀여워서 – 58

비굴이라 말하지 말라 – 60

9월의 당부 – 62

이국의 추석 달 – 64

비닐봉지 – 66

신에게 고하다 – 68

팥빙수 한 그릇 – 70

3부 숲속 이야기

봄비 – 73

봄 편지 – 74

아침 이슬 – 75

산길 – 76

오디 – 78

들꽃 선생님 – 80

숲속 이야기 – 82

가을비 – 84

나목 – 85

터널 – 86

동행 – 88

가을 밤송이 – 89

가을 갈대 – 90

어둠이 그립습니다 – 92

4부 황혼 결혼식

입춘 - 97
경칩 - 98
H2O - 99
우리는 마침내 똑같다 - 100
황혼 결혼식 - 102
부부 - 104
단풍잎 예찬 - 106
어머니 - 107
어느새 - 108
낙엽 한 잎 - 109
가을 퇴고 - 110
무명 꽃 - 112
빛의 얼룩 - 114
밤, 강물 - 116

■ 해설 | 문정영(시인) - 117

1부

춤추는 장미

나비의 변명

꽃!
생각하면 할수록
더 보고 싶은 봄꽃

피자마자
눈 맞추며
내 것이라 말하려고

볕 입김 바람 눈치 보며
개화 시기 살피는데

어느새
꽃봉이 벙글어
벌 한 마리 먼저 침 발라
도장 찍고 있으니

아쉽고 그리운 마음
포기가 안 돼
이 꽃 저 꽃 집적대는 바람둥이가 되었습니다.

6월 바람

바람이 분다
6월 바람
봄과 여름 샛길에서 이는
틈새 바람이 분다
봄 꽃향기 대신 여름 풀 내가
내 몸에 풀물을 들인다
이제는 젖내 나는 연두 아이가 아니라고
짝을 찾는 신랑 신부처럼 초록이
내 몸을 훑고 지나간다
풀들이 일어서고
이파리가 함성을 지르고
나는 그들과 함께 폭포를 거슬러 오르는 연어처럼
바람을 맞으며 심호흡한다
하다, 바라보면
어느 것 하나 주눅 든 것이 없다
작은 것이나 큰 것이나 잘 섞인 신록이다
서로의 공간을 내어주며 배려하는 적당한 거리
마주 보며 이야기할 수 있는 넉넉한 모습
다 6월 바람이 만들어낸 싱싱함이다

서로 사랑하고
때로는 미워하지만 그게 사는 모양이라서
막히면 안 된다고,
벌컥벌컥 봄여름 소통하느라
6월 바람이 분다.

바다

바다는 자지도 않나 봐
지치지도 않고
간밤에 일하더니 아침에 또 일하네

파도가 칠 때마다
물거품을 끓이며 어둠을 밀어내더니
아침, 햇빛을 받아 불이 붙어서
하얗게 재가 되어 산화하네

밤새워
달려왔으면
뭍으로 오를 만도 한데
그대로 그 자리에서 치대기만 하네

그래도 포기하지 않고
끊임없이 도전하는 것은
아마도, 하나님을 닮아서인가 봐
너의 그 깊은 속내를 들여다보다가

〈
삶이란
포기하고 절망하는 게 아니라고
물결이 부서질 때마다
바다가 숨 쉬는 소리 듣네!

티눈

길을 가는데
작은 돌이 신 안으로 들어와
발바닥이 꼼지락거리며 아프다

잠깐 멈춰 서서
꺼내면 되련만 뭐가 그리 급했던지
그냥 불편한 대로 살아온 것들이
너무 많다

싸우고 화해하지 못한 것
오해받고 해명하지 못한 것

삐친 것, 화낸 것, 무시한 것, 교만한 것,
친구 간에
아무것도 아닌 일로 질투하여 지금까지 머쓱한 것.

사람 한평생이 얼마나 된다고
뭐 그리 대단한 일을 한다고 막산 것들이
늙어 막에 티눈이 되어 마음을
콕콕 찌른다.

초고속 사랑

저녁 하늘에
초승달이 떴다
야윈 저 눈썹달
앞서거니 뒤서거니 하며
나를 따라다닌다
배가 고픈가, 정에 굶주린 걸까
밤마다
산책을 하며
동행하여 주었더니
앞에서 밝히고 뒤에서 비추며
점점 커진다
내가 달 속에 있고
달빛이 내 길 위에 가득하고
어느새 만월이다.
그동안 나를 임신한 걸까, 보름 만에?
만삭이라니!

가을 편지

가을에는 편지를 써요
하늘이 맑잖아요
저 맑은 하늘을 바람이 손끝에 찍어
나뭇잎에 새기네요

산도 들도
우리 집 마당의 감나무도
가을을 알고 싶어서
빨갛고 노랗고 단풍 들었네요

살다가 지친 것
싸우다가 터진 것, 죽고 싶어도 죽지 못한 것들이
이제는, 혈기 세우지 않아도 된다고
햇볕이 잎맥에 새겨놓은 세월을 보네요

착하게 겸허하게
하늘의 뜻 받아들이면
내 여생의 노년도 아름다워질 것이라며
가을이 바람을 흔들며 나뭇잎에 새겨놓은
사연을 읽으라 하네요.

춤추는 장미

뒤뜰 화단에
장미꽃이 흔들린다

바람의 등에
가시를 박고 바람의 고삐를 쥐고
천명^{天命}을 받아 춤을 춘다

한 송이 한 송이
벌어질 때마다 토해내는 선혈!
아픈데,
사람들은 아름답다고 잔인한
거짓말을 한다

그러거나 말거나

장미는 춤을 추면서
꽃을 피우고 열매를 맺는다
한 세상 잘 살아낸다.

저 하늘이 수상하다

7월 땡볕, 불볕더위를
더는 참지 못하고
검은 구름 떼 산마루를 넘어옵니다
순식간에 점령당하는 너른 하늘
군데군데 파란 희망마저 잠시뿐
완전 절망입니다.

후두두
떨어지는 굵은 눈물
누가 봐도 봇물 터진 통곡입니다 그런데
고개 숙인 풀들이 일어서고
후줄근한 나뭇잎이 춤을 추고
마른 건물들이 벌컥벌컥 빗물을 들이키고
타는 대지가 열기를 토해냅니다

하늘의 위대한 작전이었습니다

눈물 쏟으며 실컷 운 것밖에 없는데
품 안에 든 만물이 다 살아납니다
어느새, 언제 그랬냐는 듯 구름 한 점 없는 하늘
파랗게, 시침을 떼고 있습니다.

어머니의 마당

마당이 넓은 집
십 수 년 전에 아버지는 돌아가시고
그날부터 어머니 혼자 사셨다
당신 고생하시는 모습을 아들에게 보이기 싫어서
잠시 귀국하여 머무는 동안은 농사 접겠다고 하셨는데
몇 년 후 와 보니
아들, 집 떠나자마자 다시 시작하신 농일
앞마당이 텃밭으로 변했구나
아버지 등 같은 마당을
어머니는 아들 생각에 사정없이 팠을 것이다
그래도 그리움이 가시지 않으셨는지
한여름 뙤약볕이 골마다 눈물에 젖어
배추 무 고추 마늘 참깨 들깨 콩
잘도 자랐구나

어느새 성큼 다가선 가을 한날
추수한 알곡을 몫 지어 나누어 놓고
시집간 딸들이야 해마다 들리니 무슨 염려가 있으리오마는

이민 간 아들 몫은 어찌할거나
먼 하늘 바라보시는 어머니의 눈빛에
설움이 고여
낯설고 까마득한 거리가 못내 미운데
친구 놈 찾아와 주책없이 하는 말
딸네만 챙기지 말고
미국 간 아들에게도 보내 주셔야지요
어머니 벌컥 화를 내시며
그놈 부자나라에 가서 잘 산다는데, 설마 먹을 것 없을까 봐
그래놓고 돌아서서 우셨단다

인편에 보내주신 밑반찬 잘 받았다고 전화했더니
나, 귀먹어 무슨 말인지 못 알아듣는다
전화비 오른다 그만 전화 끊어
찰깍,
어머니도 참, 구십 노인 안부도 못 물어봤는데
삼십 넘은 손자 손주들은 밥상에 앉아
가물거리는 기억을 더듬으며

우리 할머니 음식 솜씨 최고라며 잘도 먹는데
나는
한 숟갈 뜨다 말고 가슴이 자꾸 저려

눈물만 먹는다
까닭 모르는 아이들 물음을 뒤로한 채
어머니의 마당은 깊어만 간다.

고사목告祀木, 당산나무

마을 입구 고사告祀를 지내던 당산나무는
가지가 많다
먼 산 같은 덩치로 숲을 이루고
몇 백 년을 견디며 마을을 지켜온 저 힘은
어디서 나온 것일까
바람 불면 몸 추스르고
눈 내리면 허리를 굽신거리다가도
비 오면 고개 들고 햇빛 들면 손 벌리듯 반기는
큰 가지 작은 가지
낮은 자리에 있는 가지, 높은 자리에 있는 가지
빼곡하지만 참 잘 자랐다.
얽히지도 설키지도 부딪히지도 않으며
제 자리 지키는 나무 속 가지들
저들 세상에도
이쪽저쪽, 아래위는 있지만
사람처럼 싸우지는 않는다 비바람에 상한 곳은 있지만
저희끼리 치고받은 흔적은 없다
이제는, 마을 수호신도 아니지만

그 자리 내어 주고 노인네들의 사랑방이 되었지만
언제 대접 못 받는다고 주저앉은 적 있던가
잠시라도, 지친 나그네 쉼터 되어주면 족하다는 듯
그늘 밑에
노숙자 몇 자리를 깔고 누워 있다

태풍의 눈

제주, 부산, 울산을
마구잡이로 짓밟고 간 '차바'나
미국의 노스캐롤라이나, 플로리다, 조지아를
쑥대밭으로 만든 '매슈'는 이름만 다르지
다 태풍의 종자다

이놈들의 특징은
원근과 좌우가 구별이 안 되는 외눈박이라
천방지축이다
사람 무서운 줄 모르고
자연의 아름다움도 모른다
아무 때나 어느 곳에나 끼어든다

여러 사람이 죽고, 수백 채의 가옥이 물에 잠기고
군데군데 산이 무너지고 강이 범람했다

사람도 외눈박이가 있다
자기밖에 모르는 이기주의자나
하나밖에 모르는 극단적 외골수

돈이면 다 된다고 갑질하는 부자
무조건 이겨야 한다는 정치가, 종교인

조심해라
외눈 눈알이 뱅글뱅글 돈다
도는 물이 소용돌이치며 주변을 다 빨아들이듯
잠시만 보고 있어도 혼이 빨려드는 것 같아
두 눈을 가진 정상인은
앞뒤 구별 못 하는 외눈박이를 절대로
이길 수가
없다.

8월은

한 해의 갱년기다
건드리면 폭발할 것만 같은 감정을
삭이는 성숙한 달이다

말복, 입추 지나 처서 접어들면
생각 없이 마구 극성스럽던 더위도
치솟던 분수대의 물이 떨어지는 것처럼
뒤돌아보며 주저앉고, 이제는
성숙을 위해 성장을 멈추어야 하는 때를 아는 것처럼
뻣뻣하던 벼 이삭도 고개를 숙인다

꽃 필 때가 있으면 꽃 질 때도 있듯이
오르막 다음은 내리막
밀물 다음은 썰물
이들이 서로 만나 정점을 이루는 곳, 8월은
 불타는 땅, 지루한 비, 거친 바람, 다독이며 고개를 숙이고
 가뭄 지역, 수해 매몰지구에 의해

시장에 나온 상처 입은 과일들을 위해 기도할 줄 아는
생의 반환점이다.

버릴 것은 버리고
챙길 것은 챙겨야 한다고
집에서 기르는 누렁이 한 마리
담 그늘 깔고 엎드려 입 크게 벌려 혀 길게 늘어뜨리고
절은 땀 뱉어내느라 헉헉거린다.

10월의 제단(祭檀)

10월 숲이
단풍 들었네요
올 한 해 잘 살았다고
울긋불긋 고운 옷 입었네요

언덕 위 거친 억새도
세월에 길들어 하얗게 철이 들고
힘자랑하던 땡감도 부끄러움을 알았는지
성긴 잎 사이로 얼굴을 붉히고
사나운 밤송이는 뭐가 그리 좋은지 벌린 입 다물지도 못하고,
그러다가는 이빨 다 빠지고 합죽이가 되겠습니다만
상관할 일은 아니지요
차려놓은 밥상 먹기도 전에 내 갈까 봐
제 밥 챙기기도 바쁜 달인데

감사할 일입니다
오뉴월 가뭄에 말라 죽고

칠팔을 장마에 떠내려가고
이래저래 이 땅에 살기가 쉽지 않은데
살아 있다는 것만 해도 축복이지요
열매 맺은 모든 것들은 그 열매가 하찮을지라도
하늘에 드리는 제사, 제단 위의 제물입니다

햇볕은 따사롭고
바람은 상쾌하고, 바람과 햇볕을 의지하여
나는 큰 대자로 낙엽 위에 누워
파란 하늘에 떠도는 구름을 바라봅니다
천제天祭는 이렇게 드려야 하는 것처럼
눈을 감아 봅니다.

꽃 학교, 시 창작반

마을 공원 화단에는
계절이 바뀔 때마다
꽃 학교가 문을 열고 시 창작반이 개설된다
채송화,
가시 달린 새빨간 장미,
걸핏하면 옆집 담을 넘는 부겐빌레아,
훌라댄스 궂바퀴만 좋아하는 플루메리아,
무궁화가 하와이에 이민 오면서 개명한 하이비스커스,
결혼식 피로연에 자주 나타나 향기로 신부를 당황케 하는 가드니아,
꽃이 되고 싶어 화단 울을 몰래 넘다가 들켜 돌 틈에 주저앉은 강아지풀 등등
  산골 출신도 있고 바닷가 출신도 있고
  드물지만 물 건너온 이름 모를 유학생도 있다

다들, 햇볕 교수님 모시고
꽃 피우는 법을 배운다
햇살을 받아 한 자 한 자 꼼꼼하게 꽃봉에 적다 보면
꽃잎이 벌어지면서 솔솔 향기 품은 글자가 나오는데

색깔과 모양이 서로 달라 그냥 문장이 아니라
저마다 개성이 또렷한 詩가 된다
벌 나비 심사위원
맛보고, 냄새 맡고, 흥얼거리더니
모두가 하나하나 무슨 무슨 대상감이란다
바람 문학방송사 산천초목 돌아다니며 뉴스를 전하고
풀벌레 독자들, 전국에서 떼 지어 몰려와 드디어
꽃밭이 문단이 되었다고
와~ 와~

우리 동네 문학회도 그랬으면 좋겠다.

2부

일상은 아름다워

오해

병원 대기실이다
에어컨이 너무 쎄서 다리가 얼었다고
아내가 내 손을 잡아
자기 무릎 위에 대본다
맞은편에 앉은 야한 듯한 서양 여자
힐끔힐끔 나를 쳐다보는데
야릇한 표정이다
마치 내가 치한이나 되는 것처럼
괜히 붉어지는 얼굴
생각도 전염이 되는 건가
나이도 잊은 채 주책이다
만은,
오해도 이쯤 되면
회춘 아닌가?
나도 한번 찡긋
그 여자가 당황한다.

밥 타령

미국에서
사십 년 가까이 살았지만
빵보다는 밥이 좋다
주식은 역시 밥이다

'내 밥' 하면
식탁 맞은편에 사뿐히 내려앉는
아내

밥이라는 이 말
마음대로 해도 된다는 말이기도 하지만
없으면 죽는다는
목숨줄이란 말이기도 하다

젊어서는
당신이 내 밥이더니
이제는 내가 당신 밥이 되었다고
이 밥 없으면 당신은 과부 된다고
아내 앞에서

허세虛勢 부리며 밥 타령하다 보면

늙어서도
살맛 나고 입맛 돋는다.

몸살 앓는 봄

화단 돌담 밑이
햇볕 든다고 야단이기에 살펴보았더니
눈 녹은 자리에
난초가 주둥이를 내밀었네요
땅이 간지럽다고 깔깔거립니다

옆집 키 큰 매화나무는
왜 그런답니까, 겨우내 잠만 자더니
꽃샘바람 지나간 뒤 입덧입니까
박박 긁더니
꽃봉이 껍질을 벗었네요

나도 가려워 죽겠습니다
몸이 봄 타는지
이대로 두었다간 구석구석 불이 붙어
부추기는 춘색에 나이마저 활활 타버리고
재만 남겠습니다

까짓것, 그래 보라지요, 뭐

간지럽고 가렵고 희희낙락, 이 언덕 저 언덕
봄나들이 다니다 보면
꽃 터지고 열매 맺고 연애도 하고
몸살이야 나겠지만 조금은 젊어지지 않겠어요?

어느새 비 그치고

주룩주룩 비가 내린다
너무 많이 내려 앞이 잘 보이질 않아
잠시 가던 길을 멈추려고 차를 갓길로 세운다

차창 밖은 온통 빗소리뿐이라
세상은 시끄러운데
오히려 차 안은 조용하고
내 심장의 박동 소리까지 들리는 듯하다
오랜만에 찾아온 이 고요의 분위기가
아내가 내려준 보온병 따뜻한 커피 한 잔과 어우러져
모락모락 김을 품어내며 평화롭고 달콤하고 살갑다

치열한 생존경쟁에서
앞뒤 분간 못 하고 치닫기만 하다가
펑크 난 타이어처럼 주류에서 밀려난 우리네 삶
이때가 나를 찾을 때고, 오늘같이
여기에 내가 있고 행복이 있는 삶이 아닐까 싶은데

〈
어느새 비 그치고
뒤에서 빵빵거리는 경적
영양가 없는 생각일랑 하지 말고, 빨리 가란다
뭉그적거리다가는 추월당하고 뒤돌아보면 사고 난다고
세상은 가던 길을 멈추지 않는다.

부부 시인

아내와 함께
저녁 산책길을 나섰습니다
나는 거침없이 지껄이고
아내는 끝없이 깔깔거리고
하늘도 우리들의 이야기가 궁금했는지
구름을 걷어내며 얼굴을 들이미네요
별들이 반짝거리고
수많은 하늘의 눈알이 초롱초롱 빛나요

사실은, 새로운 것이 없는
무덤덤한 일상이에요 그러기에
눈으로 마음으로 특별한 것을 만드는 거예요
되지도 않는 말이지만 그러다 보면
시詩가 눈을 뜨거든요
그 눈빛 하나하나가
우리의 시詩를 짓는 기쁨입니다
터를 닦고 기둥을 세우고 지붕을 얹고
바람 불러들여 화단 만들고 햇빛 꽂아 꽃을 피우고

〈
아내의 말마따나
우리는 점점 미쳐가나 봐요

멍청해지고 실실 웃고
게다가 요즘은 아내가 한술 더 떠
컴퓨터 앞에 앉아 시^{詩}와 노느라 밥도 안 챙겨 주고,
배곯지 않으려면 부부 시인은 되지 말아야 한다면서도
내 눈은 궁금증이 도져 연신 아내의 어깨 너머로
컴퓨터 화면을 살피느라 허기지는 줄도 모릅니다.

쥐 잡아라

"여보, 내 다리"
 자다가 깨어 다리가 아프다며 종아리를 주무르는 아내
 나도 함께 거든다

 쥐다!
 요즘 들어 부쩍 자주 찾아오는 쥐
 옛 초등학교 시절 쥐잡기 운동할 때
 꼬리 끊어 학교에 바쳤던 꼬리 없는 그 쥐가
 쥐가 되어 60년 만에 찾아온 건가?
 그동안 맺힌 한을 풀겠다고 날을 세운다

 쥐새끼님,
 사실은 좀 창피한 일이지만
 그때 쥐새끼님 꼬리는 다 쥐새끼님 꼬리가 아니고요
 반은 오징어 뒷다리와 무 꼬랑지지요
 껍질을 벗기고 숯검정에 버무린 가짜 꼬리입니다
 당신을 위하여 자비를 베푸느라 선생님까지 속였는데…,

이제 알았으면 좀 나가 주시지요
　마지막 경고입니다 말 안 들으면 다시
　다락 양쪽 창에 구멍을 뚫고 어머니 할머니를 불러
　창 바깥 구멍에 자루를 대고 선전포고를 할 것입니다.
　다락 안 내 막대기의 살기가 어떤지는 쥐새끼님이 더 잘 아시겠지요?
　당신은 자루 안에 든 귀한 쥐 놈이 될 거고요

"여보, 마누라
나 왜 이래, 자꾸 발바닥이 비틀려"
　칠십 대 쥐는 공갈쳐도 안 속고 오히려 대드니
　오징어 뒷다리, 무 꼬랑지 같은 것으로
　쥐 잡았다고 약수 쓰지 말고
　음식 가려먹고 열심히 운동하면서 살살 달래야 한다고
　동네공원 산책길 코스가 날마다 저녁때가 되면
　쥐 잡아라. 쥐 잡으라 하며 나를 부른다.

일상은 아름다워

어둠을 밀어내며

자욱한 안개비가 앞산에서 내려옵니다
이제는 괜찮다고 어서 일어나라고
새벽을 두드립니다

십일 층 베란다에서 바라보는
눈앞 고개 숙인 가로수들은
감사 기도드리는지 정물인 듯 조용하고
멀리 다이아몬드 헤드 산기슭 따라 돌아가는
자동차 헤드라이트의 불빛이 숲속을 빠져나와
죽을힘을 다해 졸음에 겨운 내 눈꺼풀을 꼬집습니다

아침입니다. 바람 재우고 비 쫓아내고
먼 산 산마루 넘어오는 저 붉은 해
지난밤 허리케인 '아나'가 온다고
슈퍼마다 생필품이 동이 났다는 인간사 야단법석을

아는지 모르는지 알고도 시침을 떼는지
말 한마디 않고 환한 빛만 쏟아냅니다

새날이 왔다고
출근길 서두르는 사람들
어제가 언제 있었냐는 듯
도로는 여전히 러시아워로 붐비고, 자동차 기적은
승리를 구가하는 나팔소리 같습니다.

싹수가 귀여워서

뚝!
제 아비의 큰 소리 몇 마디면
울음을 그치고
아, 하고 숟가락을 들이밀면
눈물을 글썽거리면서도
받아먹든 아이가
내가 안아 주고 업어 주며
할아비의 나이에 온갖 생쇼를 하며 달래려 해도
한 번 울기 시작하면 봇물 터진 시냇물처럼 시끄럽고
한나절을 제 할미가
밥그릇을 들고 따라다니며 먹이려 해도
요리조리 피해 달아나며 생글거린다

아직 어려 철이 없다고는 해도 그렇지
제이덴 J^{ayden}! 너, 온종일
놀아 주고 먹여 주고 똥오줌 치워 주고 돌봐 주었으면
눈치라도 있어야지

제 어미 아비가 퇴근해 집에 오면
출입문 열기도 전에 쪼르르 달려가서는…,
그때부터 너에게 찬밥신세가 되는 우리 내외
얼추 처도 내 나이가 제 아비의 배는 되는데

할미 할아비가 늙었다고 무시하는 것 같아
두 살배기 손자에게도 서운할 때가 있다

저 아이가
어떤 인생이 될지는 두고 봐야 알겠지만
지금 당장, 서러웠다가도
제 간식 먹을 때면 꼭 챙겨 내 입에도 넣어주고
잠자러 갈 때나 나들이 갈 때는
이마를 내밀며 뽀뽀하자고 달려드니
밉다가도 금방 그 싹수가 귀여운 걸 어떡하나
턱수염으로 문지르고 볼을 깨물면 아플 텐데
제가 한 짓이 있어서 그런지 잘 참고 견디는 걸 보면
서운한 감정은 눈 녹듯 사라지고
눈에 넣어도 안 아플 것 같으니

어찌할 건가
또, 봐 달라고 하면 봐줄 수밖에.

비굴이라 말하지 말라

바람 불면
부는 대로 휘는 나무
언뜻 보면 굽실거리는 것 같지만
바람 지나가면 언제 그랬느냐는 듯
다시 일어선다

비굴이라
함부로 말하지 말라
네 아비도 어미도 그렇게 하며
너를 키웠고, 저 아름드리 정자나무도
수천만 번을 고개 숙여
숲을 이루었느니

꺾이는 것보다는
굽히는 것이 낫고
죽는 것보다는 사는 것이 이기는 것이니
굽히고 일어서고 굽히고
바람이 지쳐 주저앉을 때까지
굽히고 서는 것을 반복하는 나무

〈
제 몸에 붙은
수천만의 잎사귀들을 위하여
제 한 목숨 휘는 것이니.

9월의 당부 當付

내게
가라 하네요
때 되어 나섰으니 뒤돌아보지 말고
그냥 가라 하네요

하늘이 높아가듯
가을이 깊어가듯
열매가 여물고 과일이 익어가듯
나 보고도 멋지게 익어보라 하네요

꽃 피고 열매 맺고
자식 낳고 키우고 돈 버는 일은 끝났으니
저들 잘살고 못 사는 것은 하늘에 맡기고
이제는 내 인생 마무리할 일만 남았다고

내게
내 삶을 살라 하네요
날 위해서만 살아보라 하네요
무서리 내리기 전에 낙엽으로 지기 전에

내 여생
서녘 하늘에
노을 같은 단풍 되라 하네요.

이국의 추석 달

둥근 달이
터질 듯이 팽팽하고 밝아서
두고 온 고향 마을이 환하다

이런 날에는
한국에나 있을 일이지
추석이 무엇인지도 모르는 이국에 떠서
처연히, 내 마음 구석구석을 밝히는구나

고향에도 못 가고
조상님들 성묘도 못 하고
송편 몇 과일 서너 가지 사고
부침개 부쳐서 받는 차례상 대신 아침상
우리 부부 외에는 아무도 없는데
늦게나마 캘리포니아에 사는 아이들 삼 남매의 전화
"아빠 엄마, 추석을 축하합니다." 란다

추석을 축하하다니,

그렇구나! 추석이 생일이구나
내가 너를 기억해주면 네가 축하를 받는구나
저 달, 축하받으려고 터질 듯이 밝구나!

비닐봉지

어둠 속
유령 같은 것이
가시나무 울타리에 걸려 있다
그냥 지나치기가 의뭉스러워 다가가 보았더니
흰 비닐봉지가 바람을 잔뜩 머금고 있다

뉘 집 울을 넘어
탈출한 걸까, 쫓겨난 걸까
한때는 주부 손에 이끌리어
장바닥을 휩쓸고 다니면서 영광을 누렸을 텐데
그 영화도 잠시, 짐을 다 비우고 할 일이 없어지니
사랑도 떠나가더라며
사십 대 실직자처럼 버럭버럭 고함을 지른다

다시 시작하면 된다는
교과서 말만 믿고 큰소리치며 뛰쳐나온 오기
그 기세는 어디로 가고
품 안에 안겼던 애처로운 눈망울들이
옆구리를 가시처럼 파고들어

아프다는 말도 못 하고 조금씩 조금씩 제 몸을
비틀며
  주변을 살핀다

  이제는
  자기가 흔해 빠진 실직자임을 알았는지
  제 몸 찢어지는 것도 개의치 않으며
  세상을 향해 삿대질하며 펄럭거린다
  날 선 흰빛이 어둠 속으로
  가물가물 사라진다.

신에게 고告하다

초겨울 나무가
제 밑동에 쌓인 낙엽을 바라봅니다
어쩌자고 저 여린 것들을 묘혈에 떨어뜨리고
발가벗고 살아야만 합니까

하늘을 향하여
사지를 뻗대고 있는 나목
온몸이 까맣게 탔습니다
하나님
당신은 무엇을 원하십니까

역사입니까
이것이 가계家系고, 나라고, 우주입니까
당신이 이어가게 하신
죄지은 아담에게 베푼 은혜입니까
언젠가 나도 당신의 뜻을 세우기 위하여
낙엽처럼 지고…
당신은 알까요, 사람들은 위로를 받을 수 있을까요?

인류에게 거듭난 새 생명을 주소서

초겨울 바람이 차갑습니다
제 목숨 던져 나목의 발등을
덮고 있는 낙엽의 희생을 기억하소서
뒤돌아보시고
겨울을 잘 견딜 수 있도록 긍휼히 여기시고
오는 봄에는 저 나목에다
흠 없는, 살기 좋은 세상 만들어 주소서.

팥빙수 한 그릇

팥빙수를 산다
두 그릇에 십 불인데 한 그릇만 산다
그러나 숟가락은 둘
붉은 찹쌀 새알은
아내는 내 쪽으로 나는 아내 쪽으로 밀어낸다
서로, 먹으라고, 많이 먹었다며
전부가 서너 알뿐인데
젊었을 때는
둘에 둘, 더 줄 생각도 덜먹을 생각도
하지 못했었는데, 이제는
오랫동안 같이 살다 보니 살날이 점점 줄다 보니
더 주고 싶고 더 먹이고 싶어서
팥빙수를 산다
두 그릇 사고 싶지만 한 그릇만 산다
빙수 맛보다는 아내 마음이 더 좋아서
내 마음도 보여주고 싶어서
한 그릇만 산다.

3부

숲속 이야기

봄비

손님인 줄 알았는데
주인이었습니다

밖에서 서성거리더니
어느새 안으로 들어와
땅 위에 싹을 내고
나목에 꽃봉오리를 틔웁니다

저 봄비가
어떤 문장이 될지는
두고 봐야 알겠지만

세상
그늘진 곳
찾아다니며

똑, 똑, 귀를 열고
파릇, 파릇, 눈을 뜨는
詩가 되었으면 좋겠습니다.

봄 편지

편지가 왔다
주소도 수신자도 없는 편지가
이 산 저 산 앞들 뒷들로 날마다 오더니
우리 집 화단에도 봄을 가득 적어놓았다
바탕체, 돋움체, 굴림체, 궁서체
모양도 갖가지
빨강, 노랑, 보라, 분홍, 하양 색깔도 천차만별이라
잠시 어질머리가 날 때도 있지만
정신을 차리고 모양과 색을 구별하여 읽어보면
할미꽃, 진달래, 개나리, 산수유, 매화, 동백, 벚꽃…,
주인 없다고 망설이지 마라, 벌 나비 분탕 치고
주소 모른다고 미루지 말라
바람이 눈치채고 제멋대로 끌고 다니면
맞춤법도 엉망이 되고
내용도 조잡한 잡문이 된다
당신이 글쟁이면
머리를 열고 봄의 마음을 적어라
코를 벌름거리며 향기를 맡아보고 심장에다 새겨라
당신이 주인이고
당신이 봄이다
시詩다.

아침 이슬

저건 눈물
밝음을 사랑했던 어둠의 아픈 씨앗
풀잎마다 송알송알

아침 해가 들더니
반짝반짝
아기별이 부화하네!

산길

산길을 간다
한 걸음 한 걸음
산정을 향해 또박또박
낯선 풍경에 눈이 열리고
새소리, 물소리, 바람 소리에 귀가 뜨이고
꽃향기, 신록 냄새에 코가 즐겁기도 하다만
가다가 지치면 쉬어야 하고
늘어진 가지 앞에서나 쓰러진 나뭇등걸을 만나면
고개를 숙이든지 무릎을 꿇든지
이끼 낀 너럭바위를 지나갈 때는 엉금엉금 기었지

한나절 산길도 구불거리는데
하물며 한평생 사람 사는 길이야
굽이굽이마다 고비가 있어
웃다가 울다가
잔칫집이 되었다가 초상집이 되었다가
벌써, 나도
갓길 늙은 풀
그러다 보니 그렇기도 하더라

굳이 산정이 아니면 어떤가
아무 데서나 자리 깔고 누우면 그곳이 정상인 것을
마음 비우니 몸 가벼워지고
거칠 것 없는 산길
어디서나 상쾌한 바람이 인다.

오디

오디구나!
낯익고 반가워서 다가가다가
고가의 가격표 보고 멈춰 선다
옛, 누에치기가 주 생산인
내 고향 상주 농가에서는 여느 집 밭마다 지천이라
손가락이 물들고 혓바늘이 돋도록 공으로 따 먹어도
누구 하나 말리는 사람 없고
돈 되는 것 아니라고 괄시를 받았는데
오늘은
미^{美} 대형슈퍼마켓 카스코 진열대에 버젓이 앉아
거드름을 피운다
'자네 처지로는 가당키나 하겠느냐'며
애써 외면하는 것이 밉살스러워
비상금 헐어 확, 하려는데
어느새 아내가 눈치채고 '당신 먹고 싶어' 한다
'아니, 저것 먹으면 똥이 까매져' 하며 돌아서는데
어째 좀 서글퍼진다
그동안

너는 고가의 진열대에 올랐는데
나는 여전히 싼 것만 찾아다니고
너는 가만히 있어도 형편이 좋아졌는데
나는 죽도록 뛰었는데도 물가도 따라잡지 못했으니
태생이 너는 자연산이라 그렇고
나는 인공산인 사람이라 그런가
사람 가치가 돈으로 계산되는 시대로 변해버린 세상
보고 싶지 않아 까만 똥으로 새까맣게 칠하려는데
오디값이 비싸 그 짓도 못 하고
괜히 무심한 오디에 화풀이하다가
내 속도 겉도 너처럼 까맣게 타지는 않을지
타더라도 너처럼 언젠가는 돈 없는 사람들도
대접받으며 사는 사람 중심의 세상이 오면 좋으련만.

들꽃 선생님

흰나비 두 마리가
데이트를 나왔나 봅니다 연거푸
붙었다 떨어졌다
인적 드문 산속이라고는 하지만
대낮인데
해도 너무한다고 들꽃들이 모여 앉아
코딱지만 한 빨간 꽃잎을 들썩이며
입방아를 찧습니다 색과 향이 가관입니다
내 보기에는 질투인 듯합니다
그때야 눈치챈 나비 한 마리
들꽃에 다가와
'네 이름이 뭐니?' 하고 묻는데
당황한 들꽃 나를 쳐다봅니다
당황하기는 나도 마찬가지였습니다
사람 체면에
모른다는 말도 못 하고 쩔쩔매는데
머뭇거리던 나비, 들꽃과 나를 번갈아 노려보다가
'이름도 없는 하찮은 주제에' 하며 날아가 버렸으니

보나 마나 내 뒤통수엔
들꽃들의 원망이 주렁주렁 달렸겠지요
미안합니다
내 주위에 있는 것들
내가 좋아하는 사람들에게
아내에게도 아이들에게도 미안합니다
평생을 같이 살면서 내 속으로 낳았으면서도
아직 검색 한 번 제대로 해보지 못했으니…
오늘 휴일
자주 가는 야산 기슭에서
낯익은 들꽃에 당한 날 선 가르침
잊지 않겠습니다.

숲속 이야기

마키키 등산로 초입 갈대,
3월에 왔을 때는 무릎에서 알짱거리더니
6월에 다시 와 보니 훌쩍, 내 키보다 커
어깨 위에서 건들거린다
그동안, 나는 이만큼 컸는데
당신은 어디서 무얼 했느냐며
오랜만에 작심하고 산길 오르는 늙은이에게
갓길로 나와 얼굴에다 대고 비빈다
시비를 거는 건지, 반기는 건지
보다 못한 골바람
나 대신, 저 새파란 풀, 버릇을 고치겠다며
쏴아~ 쏴아~ 갈대의 허리를 꺾으며 소리를 지른다
나는 괜찮은데, 오히려 시원한데,
산새들 뛰쳐나와
눈알을 부라리며 쫑알거리고
낮잠 자다 선잠 깬 산닭 저도 한몫하겠다며
사연도 알지 못하면서 무턱대고
한낮의 해가 놀라 돌아보기까지 홰를 치고

출랑출랑, 늙은이 섭한 심사^{心思}를 달랜답시고
제멋에 흐르며 깝죽거리는 개울물,
저것들이 다
시비든, 아양이든, 사랑이든, 질투든,
무엇이 되었든지 숲속 이야기라,
나는 좋아라.

가을비

주인인 줄 알았는데
손님이었습니다

안에서 서성거리더니
어느새 밖으로 나와
산야를 두루 돌아 계절을 건너갑니다

내친걸음 멈출 수가 없다고
돌아보며
힐끔힐끔 헛발질합니다
길가 코스모스 흔들고 단풍잎 떨어뜨려 보지만
하늘은 구름을 걷어내며 파랗게
높아만 갑니다

안 갈 수는 없지만
괜히, 서둘렀다고
가을비 잎 떨어진 나뭇가지에 방울방울
나그네 눈물처럼 달려 있네요.

나목

추울 텐데
한 잎 한 잎 입성을 모두 벗어버리고
알몸으로 겨울 문턱을 들어서는
나목

삶이란 나목처럼
때가 되면 내려놓는 것
나뭇잎 떨어지듯 명예도 권세도 부富도
다 내려놓아야 편한 것
거친 겨울바람도 쉽게 지나가고

지나가야 다시 올 수 있지
차면 비워지고
비우면 채워지고
그러니까 회개도 하고 가난도 이기면서
사랑을 하게 되는 것이지

알몸, 저 겨울나무
춥기야 하겠지만, 수치는 아니야
용기지
봄은 용감한 사람에게만 오는 거야.

터널

내 인생 가는 길에
장애물이 있다고 멈출 수야 없는 일
터널 입구로 차를 몹니다
캄캄한, 처음에는 아무것도 안 보여서
두렵고 답답하고 낯설지만
가다 보면, 어둠도 눈에 익어 익숙해집니다
뭘 모르고 헛디뎌 구덩이에 빠졌던 일
서둘다가 넘어진 것, 교만하여 엎어진 것,
이래저래 실패한 것들이 다 생각나고
사방이 어두워 헤드라이트에 의지하여
앞만 보고 달리다 보면
어느새 마음도 모여
지는 꽃잎처럼, 바람에 흩날리는 눈발처럼
절망은 흩어지고 한 줄기 빛,
출구가 보이지요
살기가 힘들 때는 터널을 지난다고 생각하세요
모든 것 다 내려놓고 잠시 기다리다 보면
곧 출구에 닿을 거예요
확 트인 새 세상을 볼 것입니다

인생길은
밤도 있고 낮도 있고, 평탄한 길만은 아니라서
우리의 빛나는 아침은
터널을 지나야 찾아오는 것이래요.

동행

길이
오르막이라고
내가 땀을 흘립니다

나는
그만 가고 싶은데
길은 벌써 저만치
산모퉁이를 돌아가네요

어찌합니까
나도 따라갔더니
길이 먼저 알고
산기슭에 누워 있네요

나도
쉴 곳 찾아 그곳에
묘터 하나 봐 놓았습니다.

가을 밤송이

가시로도
세월은 못 막는지
몸에 금이 갔습니다

누가 알았습니까?
몸이 찢어지면
죽는 줄 알았는데…
알밤 세 개가 머리를 맞대고 있네요

햇볕이 탐하고, 바람이 흔들고
다람쥐가 입맛을 다시는 줄 알지만
힘에 부친 밤송이, 더는
알밤을 지켜 내지 못하고
한 번 벌린 입 다물지도 못하고

땅 위에 떨어져 뒹굽니다
이제는, 가시 대신
제 자식 발자국 따라가며
세상을 살피느라 귀가 되었습니다.

가을 갈대

바람이 언덕을 지나가면서
아무거나 쥐고 흔듭니다
가을바람이거든요

갈대숲이 술렁입니다
머리가 하얗게 세서
고개를 푹 숙이고 인사를 합니다
어르신네 손끝이 차가우니
기체후 일향 만강하시랍니다

만약
아직 머리카락이 새파랗거나
고개가 뻣뻣했더라면 허리를 팍
꺾었을 텐데
제 할 일 다 하고도 저 겸손을
아무리 저승사자라고는 하지만
어쩌지 못하겠노라고 그냥 지나갑니다

가을 갈대가 생각 없는 나에게

시를 쓰게 합니다
백발이 다 되어도 내 속 좁은 옹고집으로는
극복하지 못할 저 갈대 머리의 고개 숙인 당당함에
해마다 늦가을이면 계절병이 도져
몸살을 앓습니다.

어둠이 그립습니다

자다가 깨어 보니
방 안이 환합니다

가로등 불빛이 스며든 것일까
맞은편
아파트 감시등이 날 살피러 들어온 것일까
밤이 밤 같지가 않습니다

옛 내 어릴 적
전깃불이 없었던 시골
달도 별도 없는 밤, 마실 갔다 올 때는
앞이 안 보여서
돌담을 더듬느라
어둠도 무서워할 겨를이 없었었는데

지금은
너무 밝아서 어둠이 없어져
밝음이 무섭습니다
매일매일 보도되는 구석구석 사건사고

차라리, 안 들으니만 못한 것들이 기를 쓰고 들
리니

  어둠이 그립습니다
  안 보여서 좋고
  몰라서 좋은 내 어릴 적 그 시간
  가난했던
  그 동네, 그 사람들이 그리워집니다.

4부

황혼 결혼식

입춘 立春

가랑잎이
언 땅 위를
굴러다닙니다

겨우내
두들기며 노크하더니
드디어 땅이 문을 열었습니다

문 틈새로
뒤란, 돌담 밑 난초가
노란 주둥이를 내밀고는
"아, 봄이다!"는 탄성 歎聲에

지푸라기 속 잔설이
눈물을 흘리며 어찌할 줄 모르다가
제풀에 녹아 사라집니다.

경칩 驚蟄

개구리 두 마리
얼음 풀린 개울, 이끼 낀 너럭바위 위에 앉아
햇볕을 쬐고 있다

"개골"
하고 반가워 아는 체하는데도
눈만 말똥말똥
기억상실증인가 치매에 걸린 걸까, 대답이 없더니
폴짝, 뛰어내린다

참, 다행이다 싶다
저 미물이 겨울잠 자는 동안
혹한이 제 곁을 지나간 줄 알았더라면
지금처럼 저렇게 태평할 수 있을까

곧 파문은 잠잠해지고
물속이 편안해지면
세상 사는 데는 몰라서 좋은 것도 있다며
올챙이들 오글오글
개구리들 개골개골 제철 만나 새끼 키운다고
봄이 야단법석이겠다.

H2O

허공을 떠돌던
H양과 O군이 만나
애 둘 낳고 가정을 일구었다

하늘, 땅,
산, 들, 바다, 이곳저곳
발길 닿는 대로 구석구석 찾아다니며
좋은 일 궂은일 가리지 않고 열심히 일하더니

드디어
천하를 제패했다

사람, 동물, 식물,
살아 있는 것들은 모두
물 없이는 못 산다.

우리는 마침내 똑같다

일찍 결혼해서
젊어서부터 같이 살았지만
살아온 환경과 하는 일이 서로 달라
아내는 아내대로 나는 나대로 지냈습니다

자식들 하나, 둘, 셋 낳고 살다 보니
성질 죽고, 참을 줄도 알고, 하기 싫은 일도 하게 되고,
막돌이 몽돌 되듯
두리뭉실 넘기면서 그럭저럭 살았습니다

이제는 나이 많아
아이들은 떠나가고, 직장에서도 퇴출당하고,
수입도 끊기고 바깥 생활도 줄어들고
맨날 집에만 있다 보니
오나가나, 있으나 마나, 보이는 것은 아내뿐이라서
나도 모르게 아내만 붙잡고 늘어집니다

늘 함께

먹고, 자고, 놀고, 쉬고, 하느라
대소변 보는 시간도 같아서 더러는 부딪치기도
합니다만
그때마다 서로 바라보며 '하하' 웃지요
우리는 마침내 똑같이 되었습니다

똑같이.

황혼 결혼식

해 종일
마주 보며 그리워하다가
마침내 합일된 황혼의 수평선은
하늘과 바다의 결혼식입니다

다 살고서
무슨 결혼이냐고 하겠지만
드디어, 이생에서의 끝을 하나로 이루었으니
저승에서는 한 몸으로 태어나지 않겠느냐며
신랑 신부 입장합니다

황홀한
석양의 주례로
예식장 앞마당에는 붉은 융단이 깔리고
구름은 몸을 헐어
숲을 가꾸고 강을 만들며 살 성(城)을 짓느라 바쁘고
파도는 물을 열어 이생과 저승을 잇는 황금길을 닦네요

〈
마땅히 받을 축합니다
하늘과 바다와 그 사이에 있는 모든 것들이
은혜를 갚는다고
모여 온 힘을 다해 일으키는 회광반조
뚜우~뚜우~ 연락선 뱃고동 반주에
어스름 속 괭이갈매기 일제히 날아오르며
손뼉을 치고

찰각찰각
우리 집 거실 벽엔 누가, 언제 찍었는지 모르지만
아주 오래된, 지금도 생생한
하늘과 바다의
황혼 결혼식 기념사진 한 장 걸려 있습니다.

부부

'여보, 뭘 해'
'5시 반이야, 6시에 김 씨네 하고 약속 있잖아!'
'알았어요' 하고, 뭉그적거리다가
'이런 건 당신이 알아서 하면 못써'
'내가 맨날 서둘러야 해'
결국, 퉁을 먹고서야 따라나서는 아내
그래도 요즘이 좋단다
기억해 주고, 일깨워 주고, 챙겨주는 내가
남편임을 실감하고 사니 행복하고 편하단다
그런가?
내가 좀 그런 구석이 있지
집안일은 무조건 아내에게 맡기는 것이 옳다고 여기며
평생을 살았으니
카드 쓸 줄도 모르고
시장 가서 물건 살 줄도 모르고 살다가
삼식이가 되어서야
이것저것 물어보고 배우느라 속앓이를 한다
'여보, 내일 시장가는 날이야.'

'살 것 조사해 보고 메모지에 적어 놔'
 아무리 금슬 좋은 부부 사이라도 빚은 갚아야
하나 보다
 누가 채권자이고 채무자인지는 모르지만
 우리 부부 늙어가면서 서로에게 빚 갚느라
 일마다 때마다 잔소리로 분주하다.

단풍잎 예찬

묵묵히 살았다
변두리 생生이라 아무 말 못 했지만
기죽지 않았다.
펄펄 뛰며 초록으로 살아 냈다
꽃이 색 향을 자랑하고
열매가 자태로 으스댈 때
비바람 먼저 맞으며,
저들 보듬고 대신 맞으면서도
불평하지 않았다
고생이라 여기지 않고
열심히 살아온 덕에 계절 가는 줄 몰랐다
돌아보니
꽃도 열매도 일장춘몽, 혼자 남았다
생의 끝자리에서 저녁노을처럼
온몸이 발갛게 물들었다
보면 볼수록 그윽하고 깊어서
풍진세상을 이겨낸 어머니의 사랑 같아서
불길도 연기도 없이
내 마음 저절로 순해진다.

어머니

어머니,
우리는 당신에게
파도였습니까? 바람이었습니까?

평생을 자식들 기르시느라
부딪치며, 부서지며, 각을 지우시더니,
드디어 몽돌이 되셨습니다

이리저리
아들네 집에 가 계시고, 딸네 집에 가 계시고,
눈치 보며
굴리면 굴리는 데로 굴러다니시더니

마침내
선산에 새로 생긴 무덤 하나

어머니, 어디 계십니까?

어느새

시간 안에
새 한 마리 살고 있다

날개가 없는데도
얼마나 빠른지 유년 시절이
어제 같다

눈에 보이지 않는다고
없는 게 아니다
늘 마음속에 있어

어느새 어느새
하다가
내 삶 다 날아가는 게 아닐까?

어느새야!
벌써, 올해도 내일이면 끝이다만
아직 내게는 네가 있어 오늘도 행복하단다.

낙엽 한 잎

우듬지에서
낙엽 한 잎 떨어지며
말을 건넨다

그동안 잘 지냈니
아무 일 없었니
무슨 일을 하며 어떻게 살았니

생각하다가
할 말 없어 머뭇거리다가
슬쩍, 등을 내미는
바람 타고
바람이 가자는 데로 끌려가다가

이건 아닌데
여기는 아닌데, 아직
쉴 곳 찾지 못해 바닥을 헤매는
나는 아닌지.

가을 퇴고

나뭇잎 물든
가을 숲길을 걷습니다
낙엽들이 어깨에 부딪히며 발끝에 차이며
땅 위에 떨어져 뒹굽니다

하늘은
맑고, 멀고, 너무 높아 따라갈 수 없어서
평생 지고 다니던 괴나리봇짐을
다 풀었습니다

노란 잎, 빨간 잎,
벌레 먹고 멍든 잎들을 내려놓을 때가
가장 아팠습니다만
품 안의 자식들마저 제 삶 따라 떠나고
직장에서도 쫓겨나다시피 한 이 나이에
무엇을 할 수 있겠습니까?

오랜만에 커피숍에 들여
흰 머리 애어른들과 수다를 떨었습니다

계급장이 위력을 발하지 못하는 초등학교 동기들
"야, 너," 하고 마구 이름을 부르다 보니
순수한 시^{詩} 한 편이 되었습니다.

무명 꽃

골 깊은 산 개울가에
나뭇잎 사이로 언뜻언뜻 보이는
빨간 꽃 한 송이 있다
'꽃이다.' 하였더니
앞서가는 사람들 돌아보고
뒤따르는 사람들 바라본다
다른 사람들에게는 숨기고
나에게만 반기는 걸까? 선발된 기사
애인 만나는 기쁨으로 꺾으려 하였더니
바람 불어와 그건 아니라고 도리질한다
비록, 이름 없는 꽃이지만
산속에 있어 아무도 알아주지 않지만
외롭고 쓸쓸하고 힘들지만
나마저 없으면 이 산은 꽃 없는 산이 된다고
나처럼, 당신도 그리움만 남기고 눈만 맞추고 가란다
뒤돌아보는 눈길이, 못내
아쉽고 애잔하여 발걸음 떼기가 힘들지만
세상 언저리에

있는 듯 없는 듯 있기만 하여도 자리가 빛나는
저런 꽃 같은 사람 되고 싶어
내 그리움에는 오히려 설렘이 인다.

빛의 얼룩

사는 일이 팍팍한 날이면
나무 밑으로 들어가 봐요
그늘 속에는 밝은 무늬가 있어요
빛의 얼룩이지요
잎과 잎, 가지와 가지 사이를
비집고 들어오느라
속이 트였는지 투명하도록 맑아요
포근하게 느껴져요
몸으로 받아들이면 어머니 품처럼 아늑해서
살포시 잠이 와요
잘 산다는 것
생각처럼 쉽지 않아요
돈 버는 일, 권세를 누리는 일, 명예를 얻는 일,
욕심부리면 땡볕이 되고 다투면 칼이 되지요
그렇다고 스스로 포기해지던가요?
살다가 힘들면
나무 그늘 속에 누워 하늘을 바라봐요
삶에는
햇빛이 얼룩을 만들 듯

마음이 만들어 놓은 그늘도 있지만
그 그늘 속에는
해가 만들어 놓은 볕뉘*도 있어
마음이 순해져요.

*볕뉘 : 1) 작은 틈을 통해 잠시 비치는 햇볕.
    2) 그늘진 곳에 미치는 조그마한 햇볕의 기운.

밤, 강물

강둑에 앉아, 캄캄합니다
사방이 한 치 앞도 보이지 않지만

물 흐르는 소리
어디를 가는지
잠시도 멈추지 않습니다

쉬었다가
밝은 날 가면 될 텐데
바위에 부딪치며 나뭇가지에 걸리며
산모퉁이를 돌아 온갖 풍상을 다 겪으며
끝없이 흐릅니다

왜 가는지도 모르기에
또 가고, 어디를 가는지도 모르기에
알고 싶어서 멈출 수가 없다고

저 밤 강물 출렁거립니다.
나 들으라는 듯
세상 사는 이야기를 합니다.

■□ 해설

한 알의 언어가 땅에 묻혀 피어난 꽃들

문정영(시인)

　시의 대상을 통해 드러난 시어들은 시인의 삶을 들여다볼 수 있는 좋은 기회이다. 더 나아가 독자에게는 새롭게 경험할 수 있는 공간을 제공해 준다. 일상의 언어에서 치열한 과정을 거쳐 드러낸 시어는 진정성을 가진다. 한 알의 밀알이 썩어야 열매를 맺듯이 시인의 삶에서 건져 올린 문장들 또한 새롭게 재구성된 시어들의 꽃이다.

　시인의 자서 "어떤 詩는/ 미흡하여 부끄럽고/ 어떤 詩는 나름대로 만족하지만/ 다 내가 낳은 자식인 걸요"에서 엿볼 수 있는 시인의 시를 대하는 자세 또한 한 알의 부끄러움이다. 시는 교훈은 아니라, 사물을 통해서 건져 올린 자성(自省)에 가깝기 때문이다.

1

    이번 성백군 시집에서 느낄 수 있는 것은 시인이 살면서 소중하게 생각하는 것들을 얻을 수 있다는 것이다. 시인의 경험을 읽으면서 독자들은 자신의 귀를 열어 이기심보다는 자신의 비움에서 더 큰 세상을 들을 수 있게 된다. 그런 의도는 자신에 대한 집착보다 타자에 대한 배려나 긍정적인 자세로 전환되어야만 가능한 일이다.

    서로 사랑하고
    때로는 미워하지만 그게 사는 모양이라서
    막히면 안 된다고,
    벌컥벌컥 봄여름 소통하느라

    6월 바람이 분다.

    - 「6월 바람」 부분

    삶이란
    포기하고 절망하는 게 아니라고
    물결이 부서질 때마다
    바다가 숨 쉬는 소리 듣네!

– 「바다」 부분

　위의 작품의 소재는 사람이 살아가는 과정에서 체험한 것들이다. 누구나 견디며 살아가는 것이지만 특히 목사라는 직업을 가진 성백군 시인의 인생관을 엿볼 수 있는 대목이다. 바람이나 바다는 우리가 자주 접하는 자연이지만, 그것들을 하나의 생명으로 시인은 본 것이다. 종일 노동하면서 부대끼는 인간의 모습과 닮아 있다. 그런 대상을 유심히 관찰하고 그 안에 내재된 본질을 파악해 내는 시인의 자세가 잘 드러나 있다.

　이 시집 전체의 느낌을 잘 붙들고 있는 한 편의 작품을 소개해 본다. 우리 삶의 모습들이 자연스럽게 드러나 있으면서도 결코 교훈적이지 않다. 인간은 결코 강요되지 않은 삶을 살되 자신의 의지로 고통을 견디며 사는 존재이다. 그럴 때 "티눈"은 얼마나 아픈 상처이며, 또 나를 반성하게 하는 것인가. 이 시 한 편에서 독자는 또 다른 성서를 읽는 의미를 발견할 것이다.

　　길을 가는데
　　작은 돌이 신 안으로 들어와

발바닥이 꼼지락거리며 아프다

잠깐 멈춰 서서
꺼내면 되련만 뭐가 그리 급했던지
그냥 불편한 대로 살아온 것들이
너무 많다

싸우고 화해하지 못한 것
오해받고 해명하지 못한 것

삐친 것, 화낸 것, 무시한 것, 교만한 것,
친구 간에
아무것도 아닌 일로 질투하여 지금까지 머쓱한 것.

사람 한평생이 얼마나 된다고
뭐 그리 대단한 일을 한다고 막산 것들이
늙어 막에 티눈이 되어 마음을
콕콕 찌른다.

- 「티눈」 전문

일상을 바라보는 성백군 시인의 자세는 아름다운 감성

에서 시작된다. 일상은 인간이기에 체득하여 느낄 수 있다. 날마다 반복되는 지루한 일상일 수 있으나 날마다 새롭게 다가오는 일상이기도 하다.

2

"눈물만 먹는다/ 까닭 모르는 아이들 물음을 뒤로한 채/ 어머니의 마당은 깊어만 간다"(「어머니의 마당」)에서 시작된 어머니의 일생은 넓은 치마폭이다. 모든 것을 받아 안을 수 있는 어머니의 일상에서 자식들은 넉넉하고 인정 있는 세상을 배운다. 자연과 가족은 일상에서도 가장 친밀한 관계다. 우선은 자연스러워야 하고 부딪히면서도 껴안아주어야 할 존재들이기 때문이다.

그 일상 중에서도 시인은 주일의 설교 다음으로 중요한 일과가 시를 쓰는 일이다. 기쁨이면서 환희이고 몰입할 수 있기 때문이다. 그것도 부부가 시인이라서 서로의 일상을 반짝이게 하고 더 몰입한다.

> 시詩가 눈을 뜨거든요
> 그 눈빛 하나하나가
> 우리의 시詩를 짓는 기쁨입니다
> 터를 닦고 기둥을 세우고 지붕을 얹고

바람 불러들여 화단 만들고 햇빛 꽂아 꽃을 피우고

아내의 말마따나
우리는 점점 미쳐가나 봐요

- 「부부 시인」 부분

꺾이는 것보다는
굽히는 것이 났고
죽는 것보다는 사는 것이 이기는 것이니
굽히고 일어서고 굽히고
바람이 지쳐 주저앉을 때까지
굽히고 서는 것을 반복하는 나무

- 「비굴이라 말하지 말라」 부분

여기서 바람과 나무는 인간의 모습을 하고 있다. 일상이 아름답기 위해서는 "굽히고 일어서고 굽히고"를 할 줄 알아야 한다. 시인의 삶의 철학을 엿볼 수 있는 대목이다.

3

계절이 바뀌는 것은 일상의 변화하는 소식이다. 숲과 들길은 그 변화에 가장 민감하다. 온몸으로 변화에 적응해야 살아남기 때문이다. 알몸으로 견디는 겨울나무는 용기가 있다. 그리하여 새로운 변화를 맞이하고 "봄은 용감한 사람에게" 온다는 경험을 체득한다. 시인은 가을 갈대를 바라보면서 자신의 모습과 대조해 본다. 늦가을은 시인이 살고 있는 나이와 연관되기도 한다. 갈대가 백발이 되어서도 흔들릴 줄 아는 것은 시인이 시를 쓰는 일하고 연계된다. 이렇게 자연을 시의 소재로 끌어오면서, 시인은 자연에서 삶을 배운다. 그것은 우리가 지상에서 사는 날까지 견디고 화해해야 할 부분이다.

    알몸, 저 겨울나무
    춥기야 하겠지만, 수치는 아니야
    용기지
    봄은 용감한 사람에게만 오는 거야.

    - 「나목」 부분

    가을 갈대가 생각 없는 나에게
    시를 쓰게 합니다
    백발이 다 되어도 내 속 좁은 옹고집으로는

극복하지 못할 저 갈대 머리의 고개 숙인 당당함에
해마다 늦가을이면 계절병이 도져
몸살을 앓습니다.

- 「가을 갈대」 부분

4

자연에서 삶을 배운 시인은 그 치열한 자세를 다시 사람들과 이어간다. 더 복잡해진 사회를 살아가기 위해서 자연과 조화를 이루어야 한다. "묵묵히 살"아야만 붉게 물들 수 있는 단풍잎처럼 인간도 그리 자신의 한 번뿐인 일생에서 물들 줄 알아야 한다. 컴컴한 날들을 견디는 강물처럼 "어디를 가는지 모르"기 때문에 우리는 멈출 수가 없다. 그런 가벼운 진리를 깨닫고 그 안에서 더욱 풍성해질 수 있는 삶을 견성하는 것이 시인의 자세이다.

묵묵히 살았다
변두리 생^{生}이라 아무 말 못 했지만
기죽지 않았다.
펄펄 뛰며 초록으로 살아 냈다

— 「단풍잎 예찬」 부분

왜 가는지도 모르기에
또 가고, 어디를 가는지도 모르기에
알고 싶어서 멈출 수가 없다고

— 「밤, 강물」 부분

    성백군 시인은 목사이면서 시인이다. 시인의 설교 또한 세상의 사소한 것에서 아픈 것까지 바라보고 어루만져줄 것이다. 더불어 명징하고 자연스러운 시어들로 삶의 깊은 곳에 있는 사유를 찾아내고 있다. 결코 어렵지 않은 시어로 진정성을 끌어내는 것이 성백군 시인의 장점이다. 가볍지 않으면서도 틀에 얽매이지 않은 사고, 사람에 대한 사랑에서 시작되는 시인의 글쓰기는 결코 무겁지도 어둡지도 않다. 새로운 세상을 열어나가기에 충분한 역량이다. 특별한 소재를 끌어오는 것도 중요하지만 있는 그대로에서 신선한 삶의 의미를 끌어오는 시쓰기가 오래 지속되기를 기대해 본다. 이국에서 우리말로 쓴 시집발간을 진심으로 축하드린다.